Beleggen in Aandelen voor Beginners

Door: Giovanni Rigters

Inhoudstafel

Belangrijke Disclaimer

Introductie

Het is tijd om uw financiële leven serieus te nemen en na te denken over de toekomst. Niemand kan en moet zijn hele leven werken; U wilt nog steeds van het leven genieten, kwaliteitstijd met uw gezin doorbrengen en uw lichaam laat u niet voor altijd werken. Ook kunt u tegenwoordig niet meer vertrouwen op een pensioen net als in de 'goede oude tijd'.

Dus, het is aan u en niemand anders om de stappen te nemen om uw rijkdom op te bouwen. Het proces is niet moeilijk, maar u zult wel moeten opletten en wat tijd moeten besteden aan het leren over beleggen. Er is geen manier om dit te omzeilen.

Er zijn veel manieren om te investeren, en er zijn veel verschillende beleggingsrekeningen op de markt, maar het is niet te moeilijk of ingewikkeld om te wieden door de investeringsjungle. Het is ook zeer waarschijnlijk dat u ervan gaat genieten en het naar het volgende niveau brengt door te investeren in individuele bedrijven.

Eerst moeten we beginnen met de basisprincipes van wat aandelen zijn en wat de beurs is. We verdiepen ons in hoe we geld kunnen verdienen en wat we moeten doen als er een marktcrash plaatsvindt. Dan kijken we naar een aantal veel voorkomende misvattingen en fouten die mensen maken op de beurs. Dus, volg me als we deze investering jungle doorkruisen op weg naar het paradijs.

Hoofdstuk een: Wat zijn aandelen? De makkelijkste manier om rijk te worden!

Een aandeel is gewoon een stuk van een bedrijf. Een aandeel staat voor eigendom en is een goed dat u kunt kopen. De mensen die deze aandelen bezitten worden aandeelhouders genoemd.

Laten we eens kijken naar een voorbeeld. Als u en uw familie een taart of pizza gaat eten die 8 plakken heeft, dan krijgt iedereen minstens één stuk of plak. Van de acht sneetjes krijgt u er maar één en krijgt uw vader er twee.

U kreeg één/acht of 12,5% van de pizza en uw vader kreeg 2/8 of 25%.

Bedrijven werken op dezelfde manier, maar in plaats van 8 aandelen, zouden ze aandelen kunnen hebben in de miljoenen of zelfs miljarden.

McDonalds heeft 797 miljoen aandelen in omloop. Walmart heeft 2,9 miljard en Facebook heeft 2,3 miljard uitstaande aandelen.

Uitstaande aandelen is een term die wordt gebruikt om het totale aantal aandelen van de onderneming op de beurs te verklaren, zodat de aandeelhouders onderling kunnen kopen en verkopen.
Aandeelhouders kunnen mensen zijn of verschillende soorten instellingen.

Ook bent u niet beperkt door de geografie bij het investeren, omdat u aandelen van bedrijven over de hele wereld kunt kopen. Dus als u aandelen wilt kopen van bedrijven in Nederland of zelfs Brazilië, dan kan dat.

Eén ding waar u op moet letten is dat er twee soorten voorraden op de markt zijn, namelijk groeiaandelen en dividend aandelen.

Bedrijven die hun beurskoers snel zien stijgen, zoals technologiebedrijven, zijn groeiaandelen, bijvoorbeeld Facebook en Twitter. Dit zijn snelgroeiende bedrijven en alle inkomsten die zij genereren worden teruggezet in het bedrijf voor verdere groei en uitbreiding.

Dividend aandelen, mijn favoriet, zijn aandelen die periodiek een dividend uitkeren aan hun aandeelhouders. Dit is meestal per kwartaal, maar het kan ook maandelijks, halfjaarlijks of jaarlijks zijn.

De bedrijven die het zich kunnen veroorloven om de inkomsten van hun aandeelhouders te betalen zijn grote gevestigde bedrijven, zoals Procter & Gamble of de Pepsi Company.

Er zijn voordelen verbonden aan het bezit van zowel groei- als inkomstenbronnen. Groeiaandelen hebben het potentieel om snel in waarde te stijgen, maar ze zijn ook volatieler en risicovoller. Inkomensaandelen daarentegen zorgen voor een consistente stroom van dividendinkomsten, maar het aandeel zelf zou wel eens minder snel in waarde kunnen stijgen dan een groeiaandeel.

Voor deze twee soorten aandelen zijn er ook twee verschillende soorten beleggers, namelijk groeibeleggers en value beleggers.

Groeibeleggers houden ervan als ze hun aandelenkoers in waarde zien stijgen, ook wel een meerwaarde genoemd. Ze zijn ook meer bereid om meer risico's te nemen voor een nog grotere beloning.

Value beleggers houden van het analyseren van de statistieken en cijfers van een bedrijf en zijn bereid te wachten tot het de juiste tijd is om aandelen in een bedrijf te kopen. Value beleggers zijn goed in het ontdekken van grote bedrijven die consistent presteren en in de toekomst waarschijnlijk consistent zullen blijven op basis van het product of de diensten die ze verkopen op de markt waarin ze zich bevinden.

U denkt misschien dat u, om aandelen te gaan kopen, een ton geld moet hebben of miljonair moet zijn. Dat is helemaal niet waar, u kunt beginnen met het kopen van één aandeel in een bedrijf.

Terwijl ik dit schrijf, zag ik dat de Nike voorraad wordt verkocht voor $60, Coca-Cola voor $46 en Twitter voor $21. Nu, dit is geen goedkeuring om deze drie aandelen te kopen. Het is gewoon een voorbeeld dat u geen duizenden hoeft uit te geven om aan de slag te gaan.

Nu met de saaie definitie compleet, laten we eens kijken hoe mensen rijk worden met voorraden.

De vier belangrijkste manieren waarop mensen rijk kunnen worden zijn:

- kapitaalwinsten

- dividenden

- verkoop van aandelen

- optiehandel

De laatste twee vereisen een beetje vaardigheid en werk en ze zijn niet zo passief als de eerste twee. Capital gains zijn wanneer uw aandelen in waarde stijgen. Het mooie hiervan is dat u geen fysieke arbeid verricht, het is allemaal passief.

Laten we zeggen dat u 10 aandelen van de $46 Coca-Cola voorraad op dinsdag kocht, zodat uw aandelen $460 waard zijn. Op vrijdag gingen de aandelen omhoog naar $52.

Uw aandelen (**kapitaal**) zijn net gestegen (**winst**). Uw investering is nu $520 waard.

Dus, uw kapitaal is met 60 dollar verhoogd. Als u nu 100 of zelfs 1000 aandelen bezat, zou die $6-verhoging er nog beter uitzien.

Met dividenden wordt u rijk door constant dividend uitbetalende aandelen te kopen, die dividenden te herbeleggen en u geniet ook van de dividendverhogingen van de bedrijven zelf.

Met dividenden is het meer een **sneeuwbaleffect**. In het begin is uw inkomen laag, maar na verloop van tijd neemt het exponentieel toe, waardoor u kunt leven van uw dividendinkomsten zonder dat u ooit uw aandelen hoeft te verkopen.

Investeren om rijk en welvarend te worden zou uw doel op lange termijn moeten zijn.

Hoofdstuk twee: Wat is de beurs?

De beurs is als elke andere markt waar kopers en verkopers samenkomen om te handelen in goederen of diensten.

Denk aan de automarkt. Jij bent de koper die geïnteresseerd is in het kopen van een nieuwe rode auto. U gaat naar de autohandel waar u wordt opgewacht door enthousiaste verkopers. Ze laten u de nieuwste automodellen zien en na wat heen en weer geslingerd te hebben overtuigen ze u om wat geld neer te leggen in ruil voor een nieuwe auto.

De aandelenmarkt of beurs werkt op dezelfde manier, maar in plaats van dat de auto het product is zijn aandelen.

De twee meest bekende beurzen in Noord-Amerika zijn de New York Stock Exchange en de NASDAQ. Op deze beurzen kun u aandelen kopen van bedrijven als Snapchat, Apple en Starbucks.

Een van de belangrijkste verschillen tussen de New York Stock Exchange en de NASDAQ is dat de New York Stock Exchange traditionele handel aanbiedt en de NASDAQ elektronisch is.

Traditionele handel is face-to-face-handel waarbij kopers en verkopers van aandelen zich op de handelsvloer bevinden om orders uit te voeren. Op de NASDAQ gebeuren alle bestellingen elektronisch via computers en telefoons.

Veel kleine en opkomende bedrijven kunnen over de toonbank of OTC worden verhandeld. Dit is de plek waar beleggers kunnen kopen en verkopen van penny-aandelen.

In het verleden waren de beurzen alleen beschikbaar voor de rijken en rijken onder ons. Maar sinds de deuren openstaan voor het gewone volk is het een van de belangrijkste instrumenten om rijkdom te produceren.

Er zijn vele malen in de geschiedenis geweest dat de markt ineenstortte en dat mensen uiteindelijk al hun geld of het grootste deel daarvan verloren. Een beurscrash treft angst in de harten van veel aandeelhouders omdat veel aandeelhouders hun pensioen en vermogen op de beurs laten beleggen.

Waarom gaat de markt op en neer en stort hij om de paar jaar in? Voor een verklaring moeten we zowel naar de korte als naar de lange termijn kijken.

Korte termijn schommelingen op de markt kunnen door alles worden veroorzaakt, zoals aandeelhoudersspeculatie, slecht nieuws over een sector, veranderingen in het overheidsbeleid, bedrijven die hun geplande doelstellingen halen of overtreffen, en de lijst gaat verder.

Ik herinner me dat er in 2006 of 2007 een populair fastfoodrestaurant in New York was dat gedwongen werd te sluiten omdat de plaats een rattenplaag had.

Zelfs nadat het gesloten was, kon u de gigantische ratten van New York City heen en weer zien rennen in het restaurant.

Slecht nieuws als dit heeft de aandeelhouders doen flippen en het bedrijf zag een daling van de koers van het aandeel.

Na verloop van tijd steeg de koers van het aandeel weer.

Schommelingen op de beurs worden beïnvloed door de marktcyclus waarin we ons bevinden. In tijden van voorspoed bevindt de beurs zich in een stierenmarkt, wat een opwaartse trend betekent.

In tijden van economische tegenspoed en onzekerheid heeft de beurs de neiging om zich in een berenmarkt te begeven, wat een neerwaartse trend is.

Naast het kopen van aandelen kunt u ook beleggingsfondsen, obligaties, futures, opties, grondstoffen, indexfondsen en ETF's op de markt kopen.

De bedrijven op de beurs zijn allemaal beursgenoteerde bedrijven. Dit betekent dat deze bedrijven met hun aandeelhouders transparant moeten zijn over hun bedrijfsactiviteiten.

Zij moeten ook driemaandelijkse verslagen, de 10K's genaamd, en jaarlijkse verslagen, de 10K's genaamd, samen met een jaarverslag indienen.

Om een beursnotering te krijgen gaat een particuliere onderneming op de primaire markt naar de beurs via een **beursintroductie waardoor** haar aandelen kunnen worden gekocht en verkocht op de secundaire markt, de markt waar regelmatige investeerders zoals u en ik toegang toe hebben.

Een bedrijf verdient alleen geld tijdens de beursgang, door zijn aandelen aan het publiek te verkopen. Het is dan in handen van de aandeelhouders die met elkaar kunnen handelen.

Natuurlijk blijft een bedrijf eigenaar van een meerderheid van zijn aandelen en kan het aandelen terugkopen als dat financieel of zakelijk zinvol is.

Met alle verschillende risico's die de beurs met zich meebrengt, investeren veel mensen er nog steeds in, omdat het op de lange termijn een grote vermogensopbouwer blijkt te zijn.

Hoofdstuk drie: Hoe koop je aandelen

Voordat u een aandeel of meerdere aandelen gaat kopen, moet u een doel hebben dat u wilt bereiken.

Belegt u voor uw pensioen? Wilt u aandelen kopen omdat u denkt dat u snel geld kunt verdienen? Of misschien wilt u gewoon uw voeten nat maken en gewoon wat ervaring opdoen.

Het beantwoorden van de bedachtzame vraag, wat uw doel is, zal bepalen wat voor soort belegger u zult zijn, hoeveel geld u nodig heeft en hoe lang u de aandelen die u van plan bent te kopen moet aanhouden.

Het beantwoorden van deze vraag zal ook bepalen of u een korte- of lange termijn belegger bent.

Korte termijn beleggers houden ervan om vaak binnen dezelfde dag of een paar weken te kopen en te verkopen. Deze handelaren worden day traders en swing traders genoemd. Deze handelaren proberen snel geld te verdienen door laag te kopen en hoog of laag te verkopen. Ze staan elke dag op hun handelsrekening dat de beurs open is, op zoek naar mogelijkheden om winst te maken.

Langetermijnbeleggers kiezen voor een andere aanpak. Ze houden nog steeds in de gaten hoe hun aandelen presteren. Maar ze nemen de lange termijn benadering van het kopen van aandelen om 5, tien of veel meer jaren vast te houden. Als u belegt voor uw pensioen zou u de lange termijn benadering kiezen.

U moet zich ook afvragen hoeveel risico u bereid bent te nemen als u aandelen koopt. De beurs kan erg volatiel zijn en u zou een ton geld kunnen verliezen als u niet voorzichtig bent.

Als u een jonge belegger bent die wat geld heeft om mee te spelen en het niet erg vindt dat de markt op korte termijn op en neer gaat, dan kunt u veel risico's nemen.

Maar als u dicht bij uw pensioen bent en uw geld wilt behouden en laten groeien, dan moet u voorzichtiger zijn met het beleggen en kopen van aandelen.

Het is ook een goed idee om met een financieel adviseur of financiële planner te praten.

Om te beginnen met beleggen heeft u een beleggingsrekening nodig. Deze rekening geeft u toegang tot het kopen en verkopen van aandelen, ook wel aandelen genoemd. Er zijn vele soorten rekeningen op de markt, maar de meest prominente zijn de 401k, IRA, Roth IRA, de traditionele makelaarsrekening, de 403b, en de onderwijsspaarrekening, ook wel ESA genoemd.

De 401k en 403b zijn alleen beschikbaar via uw werkgever als zij besluiten zich in te schrijven op deze rekeningen. Bedrijven bieden ook een bepaald matchpercentage of dollarbedrag aan om hun werknemers te motiveren om deel te nemen aan de plannen. Er is echter een grens aan hoeveel u kunt bijdragen aan een 401k of 403b.

De IRA, die staat voor een individuele pensioenrekening, en de Roth IRA zijn beide pensioenrekeningen die u kunt opzetten bij een beleggingsonderneming, bank of kredietvereniging.

Drie verschillen tussen de IRA en 401k zijn de limietbedragen, de match met het bedrijf en de selectie van de investeringsopties. IRA's en Roth IRA's hebben altijd een ondergrens ten opzichte van de 401k, IRA's bieden ook geen bedrijfsbijdrage match.

Waar IRA's en Roth IRA's zich wel onderscheiden, is dat u kunt investeren in wat u maar wilt. Beleggen via een 401k is altijd beperkt door wat het bedrijf heeft gekozen voor zijn werknemers, die target-date pensioenfondsen zijn, een beperkte selectie van beleggingsfondsen en indexfondsen en geen individuele aandelen om uit te selecteren, tenzij het bedrijf u toestaat een deel van zijn aandelen te kopen.

Ook hoeft u niet te kiezen tussen het opzetten van een 401k of IRA, omdat u beide mag hebben.

401k en IRAs bestraffen u als u uw geld opneemt voordat u 59 en een half bent. U krijgt klappen met de 10% straf en u gaat waarschijnlijk ook belasting betalen.

Dit is waar de traditionele brokerage rekeningen in stappen. De brokerage account stelt u in staat om uw geld op elk gewenst moment op te nemen, maar u betaalt wel belasting over uw vermogenswinst en dividenden, maar u krijgt geen boete van 10%.

Met alle verschillende soorten rekeningen op de markt is het misschien moeilijk om er een te kiezen om mee te beginnen, dus laat me u vertellen wat ik heb gedaan. Eerst schreef ik me in voor de 401k en kreeg ik mijn bedrijfswedstrijd, daarna opende ik een Roth IRA met een kortingsbemiddelaar en vervolgens opende ik een traditionele makelaarsrekening. Vergeet niet dat u niet beperkt bent door het aantal beleggingsrekeningen dat u kunt hebben.

Sommige van de top makelaarskantoren zijn:

- Bondgenoot

- E-handel

- TD Ameritrade

Een rekening openen is ook heel eenvoudig. Ga gewoon naar de beleggingswebsite en klik op de knop "Open rekening" of u kunt ze ook bellen en ze zullen u graag helpen bij het openen van uw rekening.

Om aandelen te kopen, moet u het ticker-symbool kennen van het bedrijf waar u aandelen wilt kopen. Het ticker symbool is de unieke afkorting van het bedrijf op de beurs, zo staat de Pepsi Company onder het tikkersymbool **PEP**, Amazon is **AMZN** en Walt Disney is **DIS**.

Zodra u het ticker symbool kent, bent u klaar om uit te zoeken wat de prijs van een aandeel is en hoeveel u er wilt kopen. Ga naar uw effectenrekening en log in, navigeer naar uw handelsoptie en typ het aantal aandelen in dat u wilt kopen.

In mijn voorbeeld hieronder zijn we op zoek naar 5 Coca-Cola aandelen. Nu moet u uw ordertype kiezen. Laten we doorgaan met het kiezen van de marktorder, wat betekent dat we het aandeel zullen kopen tegen welke prijs het op dit moment op de markt is.

Action	Shares	Symbol	Price
● Buy ○ Sell ○ Sell Short ○ Buy to Cover	5	KO 🔍 Find Stock Symbol Preferred Stock Format	● Market ○ Limit ○ Stop ○ Stop Limit ○ Market on Close
		Advanced Orders: [　　　　　　　　 ⬍]	

Preview Order

Disable Preview Step

U kunt dan een voorbeeld van uw order bekijken waar u kunt zien wat u koopt, hoeveel aandelen, wat uw commissie is, dat wil zeggen uw handelsvergoeding en het totaal van uw order.

Please Review Your Order Carefully

Account: 38721198 - Individual Account

As of: 01/16/18 3:45 PM ET

Action	Amount	Symbol	Description	Price	Duration	Qualifiers	
Buy	5 Shares	KO	COCA-COLA CO (THE)	Market	Day Order	None	Modify
						Estimated Commission:	$4.95
						Estimated Order Total:	$237.90

Place Order

Klik op plaatsingsorder en als u handelt tijdens de reguliere uren, dat is maandag tot en met vrijdag 9:30 uur. Eastern Time, uw order wordt onmiddellijk uitgevoerd en uw effectenrekening wordt bijgewerkt met de aandelen die u net hebt gekocht.

Dit is dus een vrij eenvoudig proces. Het is echter belangrijk om op het juiste moment aandelen te kopen door te kijken naar zowel de technische als de fundamentele analyse van een bedrijf.

Hoofdstuk vier: De beurs zal crashen! Dit is wat je moet doen

Een beurscrash doet zich voor wanneer er een dramatische en snelle daling van de aandelenkoersen in vele sectoren of industrieën plaatsvindt. Deze daling gebeurt snel in slechts een paar dagen of kan enige tijd duren om de bodem te bereiken. Deze daling is zo groot dat de beurzen uiteindelijk vroeg sluiten om te voorkomen dat de aandelenkoersen nog verder dalen.

Een beurs-**correctie** mag niet worden verward met een crash. Een correctie vindt plaats wanneer de markt overgewaardeerd is en moet worden aangepast door terug te komen op de respectievelijke waardering. Marktcorrecties komen vaak voor en duren meestal niet erg lang, want als ze zijn aangepast, is het terug naar de normale gang van zaken.

Een crash is echter wanneer alle problemen beginnen te gebeuren en de dingen uit elkaar vallen. Je hoort nieuwslezers het einde van de wereld prediken en je ziet dat politici elkaar de schuld geven van het beleid dat tot de crash heeft geleid.

Een beurscrash kan door veel gebeurtenissen worden beïnvloed: zoals een economische depressie of recessie, instabiliteit in landen en speculaties van aandeelhouders die zo veel aandelen opbieden dat ze een beurszeepbel vormen.

Dit is puur emotioneel en alle logica is uit het raam. De zeepbel barst altijd los en de aandeelhouders beginnen in paniek te verkopen. Als dit gebeurt, moet u natuurlijk rustig blijven; als u in paniek raakt, zult u fouten maken.

Als u een korte termijn belegger bent, dan is dit het juiste moment om te beginnen met **short selling**, dat is de handeling van het lenen van aandelen, ze te verkopen tegen de hogere marktprijs, dan ze terug te kopen tegen een lagere marktprijs en uiteindelijk die geleende aandelen terug te geven, is het verschil uw winst.

Als u met pensioen bent of bijna met pensioen gaat, moet uw geld in veiligere vastrentende activa zitten, zodat u zich niet te veel van de angel hoeft te voelen. Ik heb het over activa zoals obligaties, contant geld, geldmarktrekeningen, spaarrekeningen en annuïteiten. Slechts een klein percentage hoeft in voorraad te zijn.

Als u een lange termijn belegger bent, blijf dan vasthouden aan uw beleggingsstrategie om wekelijks, tweewekelijks of zelfs maandelijks consequent beleggingen te kopen.

Wat u doet heet **dollar-kost-gemiddeld**. Dit is wanneer u periodiek een vast bedrag in dollars investeert om beleggingen te kopen. Als u via uw werkgever investeert in de 401k, dan neemt u al deel aan een dollar-kostengemiddelde, omdat het geld dat uit uw cheque wordt gehaald, wekelijks, tweewekelijks of maandelijks wordt geïnvesteerd, ongeacht wat er in de markt gebeurt.

Het voordeel hiervan is dat het uw emoties wegneemt omdat uw geld wordt geïnvesteerd in de goede en de slechte tijden. Dus, u koopt investeringen wanneer ze zowel duur als goedkoop zijn, wat u gemiddeld uitkomt.

Het grootste voordeel om te investeren tijdens een marktcrash is dat u aandelen goedkoop kunt kopen. Het is alsof u door uw lokale winkel gaat en u ziet dat alles te koop is voor minstens 40% korting. Dus, die nieuwe zwarte schoenen die u wilde zijn nu 60% korting. De nieuwe MacBook die je wilt kopen... 50% korting.

Ik weet dat de meeste mensen de maag niet hebben om te kopen tijdens een crash, maar dit is wanneer dollar-kosten gemiddelde is uw broodnodige vriend. Door u toe te staan om aandelen te kopen terwijl ze goedkoop zijn, verhoogt u ook uw samengestelde rente, die de rente is die u hebt ontvangen op uw oorspronkelijke investeringsbedrag, dat is samengesteld met de laatste rente die u net hebt ontvangen.

Dus, met andere woorden, u maakt interesse in uw interesse.

Terwijl iedereen om u heen in paniek is en met verlies verkoopt, koopt u in alle rust meer activa door middel van dollar-kostengemiddelde en ondergewaardeerde individuele aandelen tegen een betaalbare prijs en houdt u ze vast voor de lange termijn.

Terzijde: zorg ervoor dat u uw uitkeringsgerechtigde aandelen aanhoudt, want deze bedrijven zijn meestal gerenommeerde marktleiders. Wanneer er een crash is, hebben ze de neiging om sneller terug te stuiteren dan niet-dividendbetaalbare aandelen, zoals de meeste technische bedrijven.

Het dividend dat u van deze bedrijven ontvangt, fungeert ook als een kussen om de klap van de crash te verzachten; bedrijven als McDonald's, Pepsi en Nike bleven zelfs tijdens de huizencrisis van 2008-09 dividenden uitkeren.

Laten we eens kijken naar twee voorbeelden van beurscrashes. Het eerste voorbeeld is de crash van 1929 die leidde tot de Grote Depressie. Verschillende bankiers, beleggingsondernemingen en handelaren hebben deelgenomen aan het manipuleren van de markten door grote brokken van zeer overgewaardeerde aandelen te kopen en deze vervolgens te verkopen aan onvermoede kleine beleggers. Investeerders zoals u en ik.

Omdat deze bedrijven een groot aantal aandelen kochten, duwden ze de aandelenkoersen voortdurend omhoog. Individuele beleggers zagen hun aandelenkoersen omhoogschieten en bleven meer kopen omdat er geen limiet was, dachten ze.

Ze hebben zelfs **margin accounts** geopend zodat ze kunnen investeren met geleend geld, aangeboden door hun makelaarskantoren. De meeste institutionele beleggers plukten wel hun vruchten en sprongen uit de markt, waardoor de individuele beleggers met te dure aandelen kwamen te zitten.

Toen de achteruitgang zich voordeed, ging alles snel. Niet alleen hebben mensen geld verloren, omdat ze geraakt werden door de **margin call** om het geleende geld terug te geven, ze verloren ook hun baan, hun pensioenvermogen (dat natuurlijk werd geïnvesteerd in de aandelenmarkt), en veel mensen verloren hun verstand.

De tweede crash waar we naar kijken is de dotcom crash van begin 2000. De dotcom-zeepbel was **puur gebaseerd op speculatie**. Het internet was dat nieuwe glimmende object waar iedereen een stuk van af wilde. Iedereen en hun oma probeerde een website op te zetten en deze vervolgens te verhandelen op de secundaire markt via een IPO.

Veel van deze bedrijven konden nooit winst maken of stonden meestal in het rood, maar dat kon de mensen niet schelen, websites werden geëvalueerd aan de hand van het aantal clicks dat ze ontvingen of het aantal oogballen dat ze konden genereren, in plaats van gebruik te maken van traditionele waarderingsmethoden, zoals inkomsten en uitgaven.

Op het hoogtepunt van de bel kwam alles naar beneden, als een kaartenhuis. Veel startende bedrijven ontvingen miljoenen aan risicokapitaalfondsen met de onmogelijke taak om net zo groot, zo niet groter te worden dan de Tech giganten van die tijd, zoals Microsoft, Apple en Oracle.

Hoofdstuk vijf: Hoe je geld verdient op de beurs

Dus, u wilt gemakkelijk geld verdienen op de beurs, maar weet niet waar te beginnen, hoe u actie moet ondernemen of u probeert erachter te komen hoe andere succesvolle beleggers geld verdienen.

We zullen kijken naar de twee gemakkelijkste manieren waarop beleggers in staat zijn geweest om rijk te worden door te investeren in de aandelenmarkt. Het beste is dat u het ook kunt doen. De twee gebruikelijke manieren waarop beleggers geld verdienen op de beurs zijn met Capital Gains en dividenden.

Kapitaalwinst Toegelicht

Wanneer u uw geld op de beurs laat beleggen, gaat de waarde van dit activum op en neer. Wanneer uw geld, ook wel uw kapitaal genoemd, in waarde stijgt, heeft u net een **vermogenswinst** ontvangen en wanneer het in waarde daalt heet het, u raadt het, een **vermogensverlies.**

Zolang uw geld wordt geïnvesteerd in de aandelenmarkt is het **ongerealiseerd**. Het wordt pas gerealiseerd als u uw aandelen verkoopt.

Laten we eens kijken naar een voorbeeld; u besluit 100 Nike aandelen te kopen bij ongeveer $65. Zonder rekening te houden met handelskosten, kocht u uiteindelijk $6.500. Dit is ook wat uw Nike aandelenkapitaal waard is.

Er gaan een paar dagen voorbij en u besluit om de prestaties van de voorraad te controleren. U merkt dat de aandelenkoers van Nike is gedaald van $65 naar $61. Uw kapitaal is dus ook in waarde gedaald, van $6.500 naar $6.100 om precies te zijn.

U verloor 400 dollar, wat uw kapitaalverlies is. Maar u dacht aan dit hoofdstuk en herinnerde zich dat dit een ongerealiseerd kapitaalverlies is, omdat het nog steeds op de beurs staat geparkeerd. U besluit om te wachten en na nog een paar dagen steeg de koers terug naar $65 en u bent blij dat u op een break-even punt zit.

Na een paar dagen raakt het $72. U hebt zojuist uw eerste niet-gerealiseerde meerwaarde ervaren en besluit uw Nike aandelen te verkopen. U verkoopt al uw 100 aandelen tegen de huidige koers van $72. Dus, u hebt zojuist $7.200 ontvangen op uw contante rekening (overdrachtskosten niet meegerekend). Door de verkoop maakt u van uw ongerealiseerde winst een gerealiseerde vermogenswinst.

$7200 - $6500 = $700, u hebt net een snelle $700 gemaakt zonder enige fysieke arbeid.

Nu moet u nog steeds belasting betalen over uw vermogenswinst, afhankelijk van welk type beleggingsrekening u gebruikte en in welke schijf van de inkomstenbelasting u zich bevindt.

Deze snelle uitleg is hoe veel dag- en swing traders en zelfs lange termijn investeerders geld verdienen.

Ze analyseren de aandelengrafieken door te kijken naar indicatoren en patronen om te beslissen wanneer ze aandelen kopen en verkopen.

U maakte een snelle $700 met 100 Nike, maar als u 1000 aandelen had gekocht zou uw winst $7.000 zijn geweest!

Als u het geld hebt om te besparen, niet graag risico's neemt en geen tijd hebt om te werken, kunt u een mooie cent snel verdienen door te investeren in de zeer risicovolle aandelen die er zijn.

Dividenden

De op een na meest voorkomende methode voor beleggers om geld te verdienen is met dividenden die zij ontvangen van dividend betaalbare aandelen.

Laten we het bij het voorbeeld van de Nike voorraad houden. Dus, u kocht 100 aandelen voor $65, maar in plaats van te verkopen voor een meerwaarde besloot u die aandelen voor 1 jaar vast te houden. Nike heeft vier dividendbetalingen gedaan van $0,18 per aandeel voor het jaar. Met uw 100 aandelen, ontving u $18 voor elk kwartaal of $72 in totaal.

Het mooie van dividenden is dat deze betalingen op uw geldrekening worden gestort of dat u ze ook kunt herbeleggen om meer hele of gefractioneerde aandelen te kopen. Deze hele en gefractioneerde aandelen leveren uiteindelijk ook dividend op.

Er zijn ook nadelen aan dividenden. Het geld dat u ontvangt uit dividenden is meestal een stuk lager dan u zou ontvangen uit een vermogenswinst. Dividenden zijn ook een lange termijnstrategie, ze zijn niet snel rijk. Ook zijn veel bedrijven schilferig met hun dividendbetalingen. Sommigen snijden voortdurend in hun dividendbetalingen en anderen stoppen volledig met het uitbetalen van dividenden in tijden van financiële problemen. Sommige bedrijven verhogen nooit hun dividendbetalingen of verhogen deze na jaren van uitbetaling van hetzelfde dividendbedrag.

Sommige bedrijven verhogen nooit hun dividendbetalingen of verhogen deze na jaren van uitbetaling van hetzelfde dividendbedrag. Ik doe fundamenteel onderzoek om te zien welke bedrijven de moeite waard zijn om te kopen en ik heb ook de geschiedenis van de dividendbetaling geanalyseerd, vooral in tijden van economische onrust, omdat bedrijven die tijdens een beurscrash nog steeds een stijgend dividend kunnen uitkeren, bedrijven zijn om in de gaten te houden.

Laten we eens kijken naar vijf dividend aandelen die u op uw wachtlijst zou moeten hebben.

Nummer één: Nike - Deze atletische kleding retailer verkoopt zijn producten wereldwijd met een focus op atleten. Het merk is echter nog steeds zo immens populair dat zelfs niet-atletische types ook Nike kleding waren. De grootste geldschieters zijn hun schoeiselproducten, met hun vlaggenschip Jordan merk dat altijd als hotcakes verkoopt.

Nummer twee: de Pepsi Company - Veel consumenten denken dat Pepsi Company alleen eigenaar is van de drank, maar ze hebben ook populaire merken zoals Frito-Lay en Quaker Foods. Pepsi Company heeft haar portfolio van merken met hoogwaardige consumptiegoederen goed gediversifieerd.

Nummer drie: Coca-Cola - Dit bedrijf, dat een van de meest erkende merken ter wereld is, bezit naast het iconische cokesmerk nog vele andere merken, zoals Minute Maid, Vitamine Water en Powerade.

Nummer vier: Realty Income - Deze Real Estate Investment Trust (REIT) heeft huurders zoals Walgreens, FedEx en LA Fitness. Ze zijn landelijk actief en zijn ook gediversifieerd over veel verschillende sectoren. Ze betalen ook een maandelijks dividend, waardoor ze voor veel beleggers een favoriet dividendbedrijf zijn.

Nummer vijf: Fastenal - Dit vrij saaie bedrijf verkoopt industriële en bouwmaterialen. Ook al is Fastenal niet in een opwindende industrie als de technologie, het maakt het goed door de consequente levering van waarde aan zowel zijn klanten als zijn aandeelhouders.

Hoofdstuk Zes: Dividenden - Investeren voor Passive Income

Als u wilt investeren voor een passief inkomen, kijk dan niet verder dan dividend uitkerende aandelen. We zullen het hebben over wat dividenden zijn, waarom bedrijven ze uitdelen aan aandeelhouders en de voor en nadelen. Aan het einde geef ik u vier grote dividendaandelen om op uw wachtlijst te zetten.

Dividenden zijn een geweldige manier om een consistent inkomen te verdienen. Dividenden zijn een geweldige manier om een consistent inkomen te verdienen.

Wanneer u een dividend ontvangt, wordt het ofwel op uw **kasrekening** gestort, ofwel wordt het herbelegd om meer hele of gefractioneerde aandelen te kopen. Dit wordt ook wel een herbeleggingsplan voor het dividend of **DRIP** genoemd.

Het uiteindelijke doel van een dividendstrategie is om dividendbetalingen te ontvangen die voldoen aan of hoger zijn dan uw **verdiende loon**. Op dit moment kunt u met pensioen gaan en leven van dividendinkomsten zonder ooit de onderliggende aandelen te hoeven verkopen.

Het is ook belangrijk dat deze dividendbetalingen sneller groeien dan de inflatie om uw koopkracht te behouden.

Heeft u 1 miljoen dollar nodig om te gaan investeren in dividend betaalbare aandelen? Natuurlijk niet. U kunt beginnen met het kopen van één of twee aandelen van bedrijven die dividend uitkeren.

Het zal echter helpen als u meer geld heeft om te investeren, omdat u dan meer aan dividendinkomsten kunt verdienen. Hoe meer aandelen je bezit, hoe meer dividenden er op uw weg komen.

Zo keert de Coca-Cola Company bijvoorbeeld elk kwartaal een dividend van 37 cent uit, wat neerkomt op één dollar en 48 cent per jaar.

Dat is wat u zou ontvangen als u slechts één aandeel Cokes bezat, maar als u 100 aandelen bezat, zou u $148 voor het jaar ontvangen.

Om te zien dat uw dividenden een impact hebben, zijn er drie dingen waar u rekening mee moet houden.

Nummer één is natuurlijk het consequent inkopen van dividendaandelen. Nummer twee, de dividenden die u ontvangt moeten worden herbelegd of gebruikt om andere aandelen te kopen die dividend betalen en nummer drie, de bedrijven waarin u investeert moeten hun dividenden sneller laten groeien dan de inflatie op jaarbasis.

Deze drie factoren zullen uw dividendinkomsten besneeuwen. Bedrijven die dividend uitkeren zijn meestal blue-chip bedrijven. Dit zijn gevestigde en grote bedrijven. Het zijn de topbedrijven in hun branche, bedrijven als Walmart, 3M en Proctor & Gamble.

Omdat deze bedrijven goed gevestigd zijn, hebben ze de neiging om niet veel groei te ervaren, zoals een succesvol startend bedrijf.

Veel van deze blue-chip bedrijven genereren een ton aan contanten, die ze uiteindelijk als dividend aan hun aandeelhouders uitkeren.

Aandeelhouders eisen deze dividenden van bedrijven als terugbetaling voor het investeren en geloven in het bedrijf, maar het leiderschap in het bedrijf is ook gebaat bij dividendbetalingen, omdat hen aandelen en opties worden toegekend.

Dus, laten we zeggen dat je een succesvol lokaal bedrijf hebt dat ijs verkoopt en van plan bent om landelijk uit te breiden. U hebt meer kapitaal nodig om dit te bereiken, dus u maakt contact met investeerders die in uw bedrijf zullen investeren, maar ze willen eigendom in de vorm van aandelen.

Uw bedrijf gaat naar de beurs en na 15 jaar heeft u zich landelijk kunnen uitbreiden. Uw bedrijf bevindt zich op een punt waar de groei vertraagt.

Uw investeerders die deze aandelen hebben aangehouden, willen een deel van hun investeringsgeld terugkrijgen. U besluit dus om dividend uit te keren aan uw beleggers, zodat zij hun dividendinkomsten kunnen gebruiken om te investeren in een nieuwe zakelijke opportuniteit.

Houd er rekening mee dat niet alle bedrijven een dividend uitkeren, omdat elk bedrijf de hele levenscyclus van het bedrijf doorloopt.

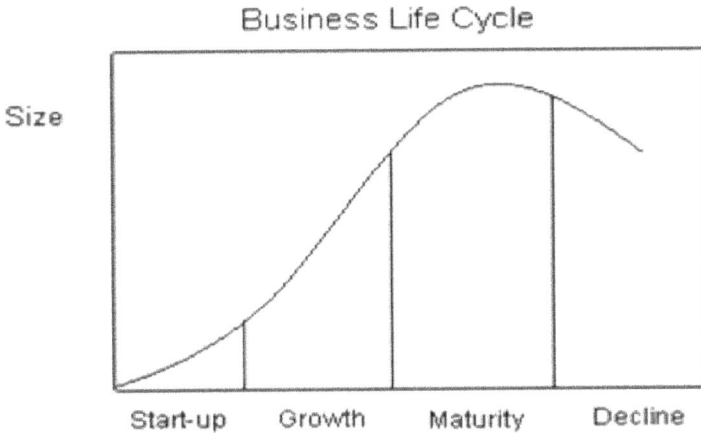

Business Life Cycle

Size

Start-up   Growth   Maturity   Decline

Een bedrijf begint als een idee in de geest van de maker. Het is in deze opstartfase waar het een kleine groep mensen kan zijn die samenwerken en geloven in het idee van de maker. Het is ook op dit punt dat durfkapitalisten en engelinvesteerders het potentieel van het bedrijf kunnen zien.

Na het uitwerken van alle knikken en het leren van hun fouten, moet het bedrijf een klantenbestand hebben. In deze fase zijn er nog veel groeipijnen, dit is ook de fase waarin een bedrijf zou kunnen besluiten om naar de beurs te gaan en aandelen uit te geven aan potentiële aandeelhouders.

Alle inkomsten die een bedrijf genereerd worden weer in het bedrijf geïnvesteerd om het bedrijf verder te laten groeien, denk aan bedrijven als Snapchat.

Een bedrijf komt uiteindelijk in het **maturity stage** terecht waar het een gevestigde waarde heeft en een leider is in de ruimte. Het is in deze fase dat de meeste bedrijven dividend gaan uitkeren aan hun aandeelhouders, bedrijven als Walmart, Clorox, ExxonMobil en zelfs Johnson & Johnson.

Leider zijn in uw markt is geweldig, maar als bedrijven niet voorzichtig zijn, kunnen ze in de neerwaartse spiraal terecht komen waar hun producten verouderd raken, zoals de Walkman- of Polaroid-foto's.

Een aantal van de voordelen van dividendbeleggen:

Ze zijn stabieler en consistenter dan de vermogenswinsten. U profiteert van de contante betaling en ook van de stijging van de koers van het aandeel.

Omdat deze bedrijven worden gezien als stabieler hebben ze de neiging om beter te presteren tijdens de beurscrash, omdat beleggers hun risicovollere aandelen zullen verkopen en kijken naar veiligere en stabielere bedrijven en obligaties om in te investeren.

U kunt ook uw dividendinkomsten plannen, wat moeilijker te doen is met Capital Gains.

Een paar nadelen van dividendbeleggen zijn: bedrijven die een dividend uitkeren hebben de neiging om langzamer te waarderen op de aandelenmarkt. Bedrijven kunnen ook snijden in of zelfs stoppen met het betalen van dividend en sommige bedrijven laten hun dividend niet eens groeien.

Het is daarom belangrijk om alleen te investeren in grote dividend uitbetalende bedrijven, die niet alleen een gezond dividend zullen uitkeren, maar ook de financiële mogelijkheden hebben om deze dividenden jaarlijks te laten groeien.

Laten we eens kijken naar vier van deze bedrijven:

Nummer één: Walmart - deze Retail gigant heeft wereldwijd winkels en bespaart zijn klanten geld door producten te leveren tegen concurrerende prijzen. De laatste tijd richten ze zich veel meer op hun online aanwezigheid. Ze kochten jet.com en een bezorgbedrijf om hun levering op dezelfde dag te verbeteren.

Nummer twee: Lowe's - de op één na grootste huisverzorgingswinkel, met natuurlijk Home Depot als nummer één. Lowe's heeft zo'n goed werk verricht in hun vakgebied, dat ze al meer dan 50 jaar een constant groeiend dividend kunnen uitkeren!

Nummer drie: McDonald's - de gouden bogen zijn door de modder gesleept, vooral bij de jongere generatie die zich meer richt op gezondere voeding en snacks.

Echter, McDonald's is nog steeds de nummer één fastfood restaurant en deze reus betaalt een driemaandelijks dividend.

En nummer vier: Fastenal - Dit saaie bedrijf levert gereedschap en apparatuur voor bedrijven om producten te maken, faciliteiten te bouwen en te onderhouden en ze verkopen ook veiligheidsproducten voor het personeel. Fastenal heeft niet alleen een geweldig bedrijf, ze hebben ook vaste klanten. Niets is belangrijker voor een bedrijf dan het hebben van klanten die constant terugkomen om uw producten te kopen.

Hoofdstuk Zeven: 90% van de Beleggers maken deze 5 fouten

Als u een fout maakt, zal u uw hoofd krabben en nadenken over wat u verkeerd heeft gedaan. Maar als u nog meer fouten maakt, zult u zeker willen stoppen.

Ik wil dit voorkomen door u te laten weten wat de vijf gebruikelijke fouten zijn die beleggers maken, zodat u er niet voor valt.

Nummer 1: de zogenaamde financiële of beurs guru's

Dit zijn de zogenaamde persoonlijkheden die u vertellen wat u moet kopen en wanneer u moet verkopen. Ze zouden ook kunnen eindigen met het schreeuwen van hun voorspellingen.

U moet altijd voorzichtig zijn als iemand u beleggingsadvies geeft. Soms zijn er financiële prikkels die een rol spelen bij het adviseren over wat te kopen.

Vraag altijd naar de informatie die u ontvangt en dat uw goeroe de investeringen die hij of zij in zijn of haar portefeuille heeft, in de hand heeft. Guru's weten hoe ze de angsten en emoties van mensen moeten aanboren om ze tot actie te bewegen.

Het volgen van de kudde is ook zeer riskant. In plaats van een goeroe te volgen, volg je iedereen. Dus als er familieleden of zelfs collega's op het werk zijn die u vertellen wat u moet kopen en verkopen, dan luistert u naar hen zonder eerst uw onderzoek te doen.

Dit is zeer gevaarlijk en dit is hoe mensen hun geldverliezen, door te luisteren naar hete tips.

U wilt de kudde niet volgen, ze zijn gemakkelijk te beïnvloeden en ze handelen alleen op emoties als het gaat om het investeren in de aandelenmarkt. De kudde is helemaal niet logisch, en ze volgen alleen de laatste trends in de hoop snel rijk te worden.

Nummer 2: niet geduldig zijn en onmiddellijk rijkdom verwachten.

Mensen investeren in de aandelenmarkt om rijk te worden, te sparen voor hun pensioen of om hun geaccumuleerde vermogen te behouden. Als u ongeduldig bent en te snel resultaten verwacht, zult u teleurgesteld zijn en openstaan voor het maken van fouten.

Ieder van ons heeft verhalen gehoord over investeerders die miljoenen verdienen aan kleine investeringen. De meeste van deze verhalen zijn anomalieën omdat de overgrote meerderheid van de beleggers voor de lange termijn moet investeren om aanzienlijke winsten te zien in hun beleggingen.

Natuurlijk is het mogelijk om snel een ton geld te verdienen, maar dat is ook erg riskant. Hoe hoger het risico in uw investering, hoe hoger de potentiële beloning kan zijn, maar het kan ook uw ondergang zijn.

Nummer 3: niet genieten van het investeringsproces

U hoeft niet gepassioneerd te zijn om te investeren om het in uw voordeel te laten werken, maar u moet wel enige interesse hebben in het investeren. Als de gedachte om uw due diligence te doen om te beslissen in welke bedrijven u wilt investeren, u niet interesseert, dan kunt u het beste passief beleggen in beleggingsfondsen, ETF's of indexfondsen.

Er is absoluut niets mis mee om een passieve belegger te zijn en het is ook aan te raden voor beginnende beleggers.

Zo ben ik begonnen, door te beleggen in beleggingsfondsen, obligaties en indexfondsen. Ik leerde al snel dat investeren niet te moeilijk was en ik vond het best interessant.

Vervolgens ben ik overgestapt van een passieve naar een actieve belegger, waarbij ik onderzoek doe naar individuele bedrijven waarin ik wil investeren, ze koop wanneer ze ondergewaardeerd zijn en ervoor zorgdraag dat mijn assetallocatie up-to-date is.

Nummer 4: te vroeg opgeven op de markt

Velen van ons hebben een slechte ervaring met de markt of kennen iemand die dat wel heeft. Beurs crashes komen veel te vaak voor, waardoor beleggers teleurgesteld, gefrustreerd en gestrest achterblijven.

Veel beleggers worden ook opgelicht om te investeren in schaduwrijke bedrijven, die uiteindelijk neerstorten op de beurs. Net als mijn vader, die werd gecontacteerd door een beleggingsonderneming om te investeren in dit specifieke beleggingsfonds klaar voor groei.

Hij verloor uiteindelijk al zijn geld en zwoer nooit meer te investeren. Gelukkig heb ik hem kunnen laten zien dat hij zich vergist heeft en hij is een fervent investeerder geworden. Ik moet hem afremmen om niet te veel aandelen te kopen, vooral als ze overgewaardeerd zijn.

Als u klaar bent om op te geven, NIET DOEN! Probeer uit te zoeken wat u fout heeft gedaan en vraag om hulp als dat nodig is. De beurs is nog steeds een van de beste manieren om rijkdom op te bouwen.

Nummer 5: inrijden zonder doelpunten

Doelen zijn uw routekaart naar succes. Zonder een kaart zult u nooit uw bestemming kunnen bereiken. Stel je voor dat je van Amsterdam naar Antwerpen reist zonder een kaart. U zult een veel aangenamere reiservaring hebben met uw kaart binnen handbereik.

Dit geldt ook voor beleggen. U moet een doel hebben. Bent u van plan om in de daghandel te gaan voor de kost? Of wilt u investeren in penny-aandelen? Misschien investeert u in een tijdshorizon van slechts 10 jaar.

Deze zaken zullen uw beleggingsstrategie beïnvloeden. Het is oké om te beginnen en de wateren te testen zonder een plan in het begin. Maar u komt er snel achter dat u een lange termijn doelstelling nodig heeft die een grote impact zal hebben op uw asset allocatie.

Hoofdstuk Acht: 5 leugens verteld over beleggen

Er zijn veel leugens over investeren verteld. Sommige van deze leugens zijn zelfbedachtzaamheid. Mensen zijn voorgelogen omdat de persoon die deze leugen vertelt niet beter weet of ze hebben zelf gefaald en willen u niet zien winnen.

Andere mensen zijn erin geslaagd en willen niet zien dat je je doelen bereikt. Dus op dit moment, zullen we 5 leugens die u verteld zijn over investeren ontkrachten.

Nummer 1: U moet een miljonair zijn of veel geld hebben om te gaan investeren.

Dit is helemaal niet waar in deze tijd. Ja, in het verleden waren de beurzen alleen voor de rijken en de rijkeren, maar de deuren zijn al lang geleden voor ons, gewone mensen, geopend.

Met behulp van het internet is het investeren van de beurs nu veel toegankelijker. U kunt aandelen kopen en verkopen vanuit het comfort van uw woonkamer of slaapkamer. Korting makelaars hebben het ook zeer betaalbaar gemaakt om aandelen te kopen en te verkopen. Voorheen moest u honderden dollars betalen om aandelen te kopen of te verkopen. Nu kan uw commissie zo laag zijn als $4.99 of zelfs gratis als u een app als **Robinhood** gebruikt.

U heeft ook geen duizenden dollars nodig om aandelen te kopen. U kunt beginnen met het kopen van één aandeel in een bedrijf als Coca-Cola, dat op dit moment een aandelenprijs van $46 heeft.

Het is ook beter om te beginnen met een beetje geld in vergelijking met het investeren van $1 miljoen vanaf het begin. De reden hiervoor is dat u met kleine hoeveelheden geld kunt experimenteren en plezier kunt hebben terwijl u de ins en outs van de markt leert.

Stel u voor dat u voor het eerst investeert met 1 miljoen dollar; u zou waarschijnlijk te bang of te voorzichtig zijn met het geld in de hoop geen enkele cent te verliezen in de markt.

Nummer 2: Ik heb niet genoeg of verdien niet genoeg geld om te gaan investeren.

Nu, dit is een vervolg op de laatste leugen. Elk klein bedrag dat u opzij kunt zetten zal helpen, ook al is het maar $10 per week. Deze 10 dollar bedragen samen 520 dollar tegen het einde van het jaar en u kunt beginnen te investeren met 520 dollar. Begin nu te sparen om te investeren en uw toekomstige zelf zal u dankbaar zijn.

Kijk eens waar u een paar dollar kunt besparen tijdens de week. Het kan betekenen dat u minder uit eten gaat tijdens de week of dat u één keer per week minder naar Starbucks hoeft te gaan. Dat is als u Starbucks leuk vindt natuurlijk. Een mentaliteitsverandering zal wonderen doen. In plaats van te zeggen dat ik geen $10 over heb, verander het dan in hoe ik $10 per week kan besparen? U schopt uw onderbewustzijn in de hoogste versnelling en voor u het weet bespaart u uiteindelijk nog meer dan $10 per week.

Nummer 3: investeer nu omdat de markt op de lange termijn altijd een rendement van 7% heeft behaald.

Nummer drie is een lastige. U hoort financiële adviseurs en zelfs mensen in de media dit zeggen. De reden dat u voorzichtig moet zijn met deze is dat de toekomst onvoorspelbaar is.

Niemand kan voorspellen wat de markt in een bepaald jaar zal doen of terugkomen. Als de markt vorig jaar met 10% is gestegen, betekent dat niet dat het in de toekomst nog eens 10% zal stijgen. Aan de andere kant is het echter riskant om aan de zijlijn te blijven staan, omdat u niet weet wat de markt op zich zal doen.

Mensen hebben het meestal over lange termijn rendementen om uw geest te verlichten en u te laten investeren. Als u aan de zijlijn blijft staan, zal uw geld niet alleen niet groeien, maar verliest het zijn koopkracht, vanwege de jaarlijkse inflatie.

Nummer 4: Ik investeer niet omdat de beurs te risicovol is.

Deze volgt mooi op met leugen nummer 3. Ja, als u niet tenminste enige basiskennis heeft over beleggen dan is het te riskant, maar met de hulp van financiële planners en adviseurs hoeft u niet bang te zijn. Ook doen veel beleggers op zijn minst wat zelfstudie door het lezen van investeringsboeken en het luisteren naar enkele audioboeken.

Hou er rekening mee dat er risico's verbonden zijn aan alles wat u doet. Als u niet wilt investeren en het geld liever onder uw matras wilt houden, u zich openstelt voor inbrekers, huisbranden of zelfs uw hond die uiteindelijk uw geld zou kunnen opeten of versnipperen.

Als u denkt dat het achterlaten van uw geld op de bank of uw spaarrekening de juiste manier is, denk dan nog eens goed na. Met de miezerige 1% of minder aan rente die u verdient, wordt de koopkracht van uw geld weggevreten door de inflatie.

Als de gemiddelde inflatie 3% per jaar is, is $1 vandaag 3% minder waard volgend jaar, dus $0,97.

Nummer 5: U moet een expert zijn om te gaan investeren.

U moet inderdaad enige basiskennis hebben over hoe de beurs werkt, maar u hoeft geen Warren Buffett te zijn om aan de slag te gaan. Laat u opleiden door het lezen van boeken (dit is een goed begin).

Als u eenmaal uw vertrouwen hebt opgebouwd, kunt u beginnen met het investeren van een klein bedrag. Geld dat u niet erg zou vinden om te verliezen. Door een klein bedrag te investeren, bereid u zich psychologisch voor op groei, want als u uw investeringen eenmaal ziet groeien zal het uw vertrouwen en kennis opbouwen om meer te investeren, op een verantwoorde manier natuurlijk.

Ik hoop dat ik u heb kunnen motiveren door enkele van de meest voorkomende leugens te ontmaskeren die vaak worden verteld aan gretige investeerders.

Hoofdstuk 9: 25 Tips voor beursbeleggingen

Voordat u gaat investeren, heeft u misschien een paar vragen of zorgen. Ik heb 25 van de meest voorkomende dingen die ik heb gemerkt van nieuwe investeerders op een rijtje gezet en hoe u zich kunt instellen op succes. Laten we aan de slag gaan!

Schrijf uw doelen op

Als u niet weet waar u naartoe gaat, hoeft u niet eens te beginnen. Zorg ervoor dat u uw investeringsdoelen opschrijft en wees specifiek met de tijdlijn.

Wilt u over 15 jaar $500.000 op uw pensioenrekening hebben? Of wilt u over 10 jaar $1 miljoen hebben?

Wat zal uw beleggingsstrategie zijn om dit vermogen te verwerven? En hoe ziet uw portefeuillemix van effecten eruit? Bestaat uw portefeuille uit 70% aandelen 25% obligaties en 5% cash?

Door uw doelen op te schrijven krijgt u een duidelijker beeld van wat u wilt bereiken en hoe u dat moet doen.

Begin vroeg met investeren

Hoe eerder u begint te investeren, hoe sneller uw geld niet alleen groeit, maar hoe sneller u ook met pensioen kunt gaan (afhankelijk van uw financiële doel).

Hoe vroeg moet u beginnen? Als u uw eerste baan krijgt. Het maakt niet uit of het om een winkelbaan gaat of om één wachtende tafel in een restaurant. U wilt er een gewoonte van maken om nu aan uw toekomst te denken en geld opzij te zetten om te investeren, zodat u de rest van uw leven niet meer hoeft te werken. Het starten van uw investeringsreis in een vroeg stadium van uw leven heeft ook het voordeel dat u ziet hoe uw geld groeit, wat u het vertrouwen geeft om nog meer te investeren.

Inflatie vreet aan uw geld

U zou kunnen afzien van het investeren in de aandelenmarkt omdat u hebt gehoord hoe riskant het kan zijn en hoeveel mensen er veel geld in hebben verloren.

Maar het houden van uw geld onder uw matras of zelfs op een spaarrekening is ook zeer riskant, vanwege de inflatie.

Inflatie is de stijging van de kosten van goederen die de waarde van het geld verlaagt. Een chocoladereep zou vandaag $1 kunnen kosten, maar volgend jaar zou het $1,05 kunnen kosten. Dus diezelfde dollar die je vandaag hebt, is in de toekomst waardeloos omdat hij een **afnemende koopkracht heeft.**

De beurs stelt uw geld niet alleen in staat om zijn koopkracht te behouden, maar het kan ook uw geld sneller laten groeien dan de inflatie.

Doe uw onderzoek

Het is niet alleen goed, maar ook noodzakelijk om uw onderzoek te doen om te zien in welke bedrijven en bedrijven u investeert op de beurs. Bijna alles wat u moet weten over verschillende aandelen, obligaties en beleggingsfondsen is gratis te vinden op het internet. Ik zou afzien van het betalen van geld om beursinformatie te krijgen.

Het laatste wat u wilt is investeren in een oplichterij of een bedrijf dat geld verliest en geen winst maakt, waardoor u op de lange termijn geld zou kunnen verliezen. Dit gebeurt met veel nietsvermoedende beleggers.

Om te beginnen met het doen van uw onderzoek heeft u alleen het tikkersymbool van uw investering nodig om aan de slag te gaan. Een ticker symbool is de afkorting van het bedrijf, het beleggingsfonds, het indexfonds, de obligatie, etc., op de beurs. U kunt dan een site als Morningstar.com gebruiken om uw onderzoek te doen.

Maak uw eigen regels

Goede regels in het investeren geven u grenzen om in te werken. Als u een regel hebt om niet te investeren in een bedrijf zonder er eerst wat onderzoek naar te doen, bespaart u uzelf een hoop kopzorgen. Niemand zal u kunnen oplichten met hete voorraadtips die ze via de wijnstok hebben gehoord. Dit is hoeveel mensen er worden opgelicht en bedrogen.

Goede regels geven u een zekere mate van vertrouwen wanneer u investeert. Het geeft u dat extra duwtje in de rug als u aarzelt bij het kopen van nieuwe aandelen of investeringen. Ze geven u structuur en een blauwdruk om u aan te houden.

U kunt beginnen met eenvoudige regels en complexere regels toevoegen zodra u meer ervaring heeft met beleggen.

Voorbeeld van regels:

60% van mijn beleggingsportefeuille zal bestaan uit aandelen

Ik zal alleen investeren in bedrijven die de afgelopen tien jaar hun inkomsten met ten minste 5% hebben kunnen verhogen.

Ik zal mijn portefeuille jaarlijks opnieuw in evenwicht brengen.

Luister niet naar iedereen.

Wees op uw hoede voor wie u advies aanneemt. Sommige mensen, vooral in de media, krijgen financiële prikkels om u te vertellen waarin u moet investeren. Ook zouden familie en vrienden u slecht beleggingsadvies kunnen geven als ze hebben gehoord over een "hot stock tip" op hun werk zonder eerst onderzoek te doen.

Houd in gedachten, alleen omdat u gehoord hebt van een populair bedrijf of het gebruik van zijn producten betekent niet dat het een goede investering zou kunnen zijn.

Veel bedrijven op de beurs maken nooit winst. Een populair bedrijf, zoals Tesla dat op de beurs handelt onder het ticker symbool TSLA, is nog steeds niet winstgevend. Hoewel het steeds meer inkomsten oplevert, staat het netto-inkomen nog steeds in het rood.

Voortdurend jezelf opleiden

Ik heb mezelf altijd gezegd dat als u onopgeleid bent op een onderwerp als investeren, de mensen waarschijnlijk van u zullen profiteren. Het is heel eenvoudig om een beleggingsrekening op te zetten bij een grote bank of zelfs een pensioenrekening op uw werk. Maar u moet weten wat uw beleggingsopties zijn, waar u in gaat investeren en welke soorten vergoedingen u gaat betalen.

Over het in rekening brengen van kosten kan uiteindelijk duizenden of zelfs honderdduizenden kosten voor uw investeringsreis.

U moet ook een basiskennis hebben van hoe aandelen, obligaties, beleggingsfondsen, indexfondsen en andere beleggingsinstrumenten werken. Zie drie voorbeelden hieronder:

Wanneer u een aandeel koopt, koopt u eigendom in een bedrijf. Grote bedrijven zoals Apple, hebben aandelen uitstaan in de miljarden. Dus als u slechts één of twee aandelen koopt, bezit u slechts een heel klein deel van het bedrijf.

Obligaties zijn net als IOU's die een bedrijf of overheidsinstelling aan u geeft na aankoop van de obligatie. Wanneer u een obligatie koopt, gaat u een juridisch contract aan waarin staat dat u niet alleen uw oorspronkelijke geld terugkrijgt, maar dat u ook regelmatig rente ontvangt.

Een beleggingsfonds is een fonds dat verschillende beleggers hun geld samenbrengt en dit belegt in verschillende effecten.

Hebben besparingen

Altijd wat geld gespaard voor noodgevallen. Investeer nooit al uw geld. Er is altijd een risico dat u al uw geïnvesteerde geld verliest.

Zorg ervoor dat u wat geld bespaart voor noodgevallen, huisvesting, entertainment/food, om uw eigen bedrijf te starten, en de universiteit.

Vergeet niet dat het leven niet voorspelbaar is, dat uw auto kapot kan gaan of dat u een ongeluk kan krijgen dat u veel geld kost. U kunt nooit voorbereid zijn, maar u kunt wel wat geld opzij laten zetten.

Diversifieer uw beleggingen

Investeer niet al uw zuurverdiende geld in één bedrijf. Dat is uiterst riskant, tenzij u een risiconemer bent (groot risico, grote beloningstype persoon).

Zorg ervoor dat het geld dat u investeert gediversifieerd is, wat betekent dat u niet al uw geld in één aandeel hebt geïnvesteerd. Een wederzijds fonds zou een goede oplossing voor u kunnen zijn.

Met beleggingsfondsen kunt u uw geld samenvoegen met andere beleggers en beleggen in verschillende effecten.

Ongeveer tien of twee jaar geleden was er een bedrijf dat Enron heette en dat failliet ging nadat men erachter kwam dat het bedrijf loog over zijn inkomsten en winst. Veel werknemers van Enron hadden al hun pensioengeld in het bedrijf laten investeren. Toen Enron failliet ging, verloren veel werknemers uiteindelijk ook hun pensioeninkomen. Stel u voor dat u in de 50 bent en uw investering in rook opgaat.

Daarom is het altijd slim om te diversifiëren.

Wees niet emotioneel.

Investeren kan een letterlijke emotionele achtbaanrit zijn. De dagelijkse up en down ticks van de beurs kunnen je gemakkelijk gek maken. Een manier om deze angst te overwinnen is te investeren in datgene waar u vertrouwen in heeft.

Dit vertrouwen komt met kennis, geduld en tijd. Weten en accepteren dat investeren risico's met zich meebrengt en u zou geld kunnen verliezen bereidt u mentaal voor op eventuele downswings die u zou kunnen zien gebeuren in de aandelenmarkt.

Vertrouw niet op geluk en wonderen.

Als u kijkt naar de beurs als uw manier om snel rijk te worden, dan zou u zich kunnen instellen op een mislukking. Begrijp me niet verkeerd, het is mogelijk om $10.000 te nemen, te investeren, en het in miljoenen te veranderen omdat het al eerder is gedaan.

Maar deze beleggingsstrategie is uiterst riskant en de meeste mensen zijn beter toegerust om het langere en tragere proces van het rijk worden geestelijk aan te kunnen.

Veronderstel dat u alles kunt verliezen

Als ik alles kan verliezen, waarom zou ik dan überhaupt investeren? Nou, er is een reden waarom ik deze tip heb toegevoegd. Ten eerste, u wordt niet verondersteld al uw geld op de beurs te hebben. Als u jonger bent kunt u meer risico's nemen, omdat u terug kunt stuiteren van vroege verliezen. Maar wanneer u op uw pensioengerechtigde leeftijd bent, moet u nadenken over het beleggen in meer conservatieve effecten die misschien niet zo snel in waarde stijgen als aandelen, maar ze zullen ervoor zorgen dat uw geld niet uitgeput raakt.

Twee van deze effecten zijn obligaties en annuïteiten.

Side Hustles hebben

Naast het hebben van een baan of een carrière en uw investeringen, wat doet u nog meer om wat extra geld binnen te halen? In de huidige maatschappij is de werkzekerheid op een historisch dieptepunt en veel mensen zijn ofwel werkloos, hebben te weinig werk, ofwel werken in deeltijd om de rekeningen te betalen.

Het is in uw voordeel om wat extra geldstromen te hebben. U zou in deeltijd kunnen werken om wat extra geld te verdienen, maar de belangrijkste zijn onroerendgoedbeleggingen, dividendaandelen, royalty's (bijvoorbeeld uit boekverkoop) en uw eigen bedrijf. Als u een passie heeft, zoals fotografie, tekenen of videomontage, dan kunt u er wat freelance werk van maken en er eventueel een fulltime onderneming van maken. Hou uw ogen altijd open voor mogelijkheden.

De beste tijd om te beginnen is nu.

Ik krijg altijd klachten van oudere mensen dat ze de boot gemist hebben en dat ze te oud zijn om te gaan investeren. Dit is helemaal niet waar, het maakt niet uit of u 20 of 50 jaar oud bent, het is erg belangrijk om te investeren, zelfs als u met een klein bedrag begint.

Er is altijd een kans om goed geld te verdienen op de beurs. Dat betekent echter niet dat u moet beginnen met daghandel met het geld dat u zou hebben geïnvesteerd als u ouder bent om "in te halen". Dit is slechts een recept voor een ramp, want u zult veel te emotioneel betrokken zijn om de juiste handelskeuzes te maken.

Dividend investeren

Ik zal u een klein geheimpje verklappen. Ik investeer alleen in bedrijven die dividend uitkeren en die hun dividend sneller verhogen dan de inflatie.

Dividenden zijn inkomsten die een onderneming aan haar aandeelhouders uitbetaalt. Om een dividend te krijgen, moet u ten minste één aandeel bezitten in een bedrijf dat dividend uitkeert.

Deze dividenden verhogen niet alleen mijn vermogen in de loop van de tijd, maar ze geven me ook gemoedsrust, vanwege hun gestage stroom van inkomsten.

Ik geniet niet alleen van het dividend, maar ik zie ook mijn aandeel in waarde stijgen. Nu koop ik deze aandelen alleen nog als ze **ondergewaardeerd** zijn, wat betekent dat ze onder de marktwaarde worden verhandeld.

Voorbeelden: Vastgoedinkomsten, McDonalds, TROWE Price

Groei-investeringen

Een groei-investeerder is een investeerder die graag laag koopt en zijn investeringen ziet groeien. Ze verkopen uiteindelijk tegen een hogere prijs dan waarvoor ze hun investering hebben gekocht. De

meerderheid van de investeerders zijn groei-
investeerders.

Technologie-aandelen zijn goede voorraden om in de
gaten te houden, omdat deze de neiging hebben om
zeer snel in waarde te stijgen.

Voorbeelden: Facebook, Oracle, Microsoft

Begin klein

Een klacht die ik hoor is dat mensen me zeggen: "Als
ik maar een miljoen dollar had, zou ik kunnen gaan
investeren."

Niet alleen is dit niet waar, want je kunt beginnen met
investeren met zo laag als $10, het is ook aan te
raden om klein te beginnen.

De grootste reden om klein te beginnen is om
vertrouwd te raken met investeren. Als u bent
begonnen met alleen maar investeren, laten we
zeggen $100 en u ziet uw geld voortdurend stijgen en
dalen, is het leuk om te kijken naar het uw
beleggingsprestaties dagelijks.

U zult ook het vertrouwen en de kennis beginnen te
krijgen om slimmer te investeren, wat u zal leiden tot
grotere bedragen.

Laten we dat nu eens van de andere kant bekijken.
Laten we zeggen dat u 1 miljoen dollar heeft geërfd
en dat u de taak heeft om dit geld te investeren. U
hebt nooit eerder geïnvesteerd omdat u altijd zei dat u
meer geld nodig had en nu heeft u het eindelijk.

Raad eens, u zult te bang zijn om een miljoen dollar te investeren. U hebt de expertise en de knowhow niet.

Als u jarenlang kleine bedragen begon te investeren en ineens deze $1 miljoen in uw schoot kreeg gestort, u zult het vertrouwen hebben om dit bedrag te investeren, want u hebt al gezien wat werkt en wat niet werkt terwijl u kleine bedragen investeerde.

Leef uw leven

Laat de beurs nooit de controle over uw dagelijks leven hebben. De dagelijkse op- en neerwaartse beweging van de markt heeft invloed op veel beleggers. Als de markt op een historisch hoogtepunt is, voelen beleggers zich goed, gaan ze in een goed humeur naar hun werk en gaan ze met een heldere geest slapen.

Maar als de markt tanks, veel beleggers het gevoel dat ze net geschopt in de maag. Ze zijn verdrietig, boos, geïrriteerd en gewoon in een heel slecht humeur.

Ook moet u niet zo zuinig worden dat u alleen maar al uw geld in de aandelenmarkt wilt investeren en uzelf vertelt dat u een leuk leven zult leiden als u met pensioen gaat.

Als u op vakantie wilt gaan of iets leuks wilt kopen, doe het dan.

Blijf bij wat u comfortabel maakt.

Iedereen heeft zijn comfortzone als het gaat om investeren. Sommige mensen een risico-nemers en zou het goed doen om te investeren in penny-aandelen of daghandel. Andere beleggers zijn conservatiever en beleggen liever in effecten die niet te riskant zijn en die hen in staat stellen hun vermogen te behouden.

Blijf altijd vasthouden aan wat voor jou comfortabel is. Als u niet graag analyseert en individuele aandelen kiest om in te investeren, is het waarschijnlijk het beste om te investeren in beleggingsfondsen of indexfondsen.

Als u iemand bent die liever niet alleen investeert en wat hulp nodig heeft, dan is een beleggingsonderneming die een volledige makelaarsdienst aanbiedt waarschijnlijk het beste voor u.

Zorg er alleen voor dat u altijd aandringt om meer te leren over beleggen, want uiteindelijk is dit uw geld en bent u uiteindelijk verantwoordelijk voor uw pensioen.

Veel plezier

Ik zal de eerste zijn om u te vertellen dat investeren nogal saai en oninteressant kan worden. Sommige mensen houden er gewoon niet van om bedrijven te analyseren en naar financiële cijfers te kijken.

U moet proberen uit te vinden wat u het leukst vindt om te investeren en daar specifiek op in te spelen.

Misschien wilt u uw geld zien groeien, of misschien wilt u uw dividendinkomsten maandelijks zien stijgen, misschien wilt u ook andere manieren om geld te verdienen, zoals het verkopen van short of het verhandelen van opties. Wat het ook is, probeer plezier te hebben met investeren.

Gebruik de technologie in uw voordeel

We hebben het geluk dat we onze laptops of zelfs een klein apparaat zoals onze mobiele telefoon kunnen gebruiken om beleggingen te kopen of om aandelen te onderzoeken. De vooruitgang van de technologie heeft het ook zeer betaalbaar en snel gemaakt om investeringen te kopen.

Dit betekent dat u aandelen kunt verhandelen, waar ter wereld u zich ook bevindt. Het enige wat u nodig heeft is een internetverbinding.

Vroeger moest u uw makelaar bellen en een zeer hoge commissie betalen om een bestelling te plaatsen. Tegenwoordig hebt u apps, zoals Robinhood, die commissievrij zijn.

U hoeft zich ook niet in te schrijven voor een volledige brokerage account. U kunt gaan met een kortingsbemiddelaar, zoals Ally.com die lage handelskosten heeft.

Bestudeer de groten

Warren Buffett, Benjamin Graham, Charlie Munger? Zorg ervoor dat u boeken leest over het investeren van miljardairs, hoe ze al hun rijkdom vergaren en wat ze doen om het te onderhouden.

Dit zal u in de mindset brengen van hoe de zeer rijken denken en zich gedragen. Dit zal u in de mindset brengen van hoe de zeer rijken denken en zich gedragen. Het zal u ook laten zien hoe sommigen kleine hoeveelheden contant geld hebben omgezet in grote rijkdom. Iedereen houdt van vodden tot rijkdom verhalen.

Word niet verliefd op uw investeringen

Elke investering wordt verkocht als ze niet presteert zoals ze zou moeten. Dit is een van mijn regels. Ik krijg mijn persoonlijke gevoelens niet vermengd met beleggen.

Het is leuk om uw familie en vrienden te vertellen dat u Disney of zelfs Pepsi aandelenbezit, maar als deze aandelen me geen geld opleveren, dan verkoop ik ze uiteindelijk.

Daarom analyseer ik graag de financiële gegevens van een bedrijf (jaarverslagen), om te zien of ze nog steeds financieel gezond zijn.

Weet waar u in investeert

Voordat u het advies van iemand opvolgt, vooral van financiële planners, moet u weten waarin u investeert. Er zijn veel oplichters die niets liever willen dan een ontwetende persoon waarvan ze kunnen profiteren door het gebruik van een aantal industrietermen om te klinken als geschoold op het gebied van het onderwerp.

Als u belegt in een beleggingsfonds of zelfs een ETF, zorg er dan voor dat u het ticker symbool van deze entiteit krijgt om wat onderzoek te doen naar de bedrijven waarin u belegt.

Sommige beleggers houden er niet van om te beleggen in wapenbedrijven of gevangenissen, maar als u belegt in populaire indexfondsen, dan belegt u waarschijnlijk ook in deze instellingen. En als een bedrijf zich niet ethisch gedraagt, zou u er dan toch in willen investeren?

Breek de regels

Ik heb u net gezegd dat u uw regels moet opstellen en nu zeg ik u al dat u die regels moet overtreden? Ja, hier is waarom. U moet altijd experimenteren met uw investeringsstrategie. Het is goed om regels te hebben, maar af en toe moet u ze misschien breken.

Investeren moet leuk zijn en als u vastzit aan strakke regels, kan het heel snel saai worden. De truc is om de regels te breken, maar kleine risico's te nemen.

U wilt bijvoorbeeld gaan investeren in Cryptocurrency, maar u heeft een regel om niet te investeren in risicovolle effecten.

U hebt het gevoel dat u het goed zult doen met deze investering. Ga uw gang en koop een kleine hoeveelheid cryptocurrency. Ga niet helemaal uit en geef 50% van uw portefeuille uit aan het kopen van deze valuta.

Deel uw kennis

Als u eenmaal wat kennis onder de knie heeft van het beleggen in de aandelenmarkt, heeft u uw gouden regels, en u heeft vertrouwen in uw beleggingsvaardigheden, dan moet u uw kennis met anderen delen.

U kunt beginnen met het opleiden van uw familie en vrienden om hen vertrouwd te maken met het investeren.

Verrassend genoeg zijn er veel misvattingen over beleggen en zijn veel mensen meerdere malen verbrand om te investeren in verkeerde aandelen. Dit leidt meestal tot littekens voor het leven en ze zullen geen hand meer leggen op investeringen.

Dit is waar u kunt komen en hen laten zien hoe u met succes hebt geïnvesteerd.

Geloof me, het voelt goed om een familielid te kunnen helpen en hun financiële toekomst veilig te stellen. Door met mensen te praten over uw ervaring met beleggen kunt u ook gelijkgestemde investeerders ontmoeten die uw beleggingsvaardigheden naar een hoger niveau zullen tillen.

Middelen

Hieronder vindt u een lijst met gratis internetbronnen die u kunt gebruiken voor onderzoek:

Morningstar.com

Gurufocus.com

StockCharts.com

Finviz.com

Finance.Yahoo.com

Google.com/Finance

Vergeet niet om de gratis versie te gebruiken.

Hoofdstuk tien: Passive Income ideeën (bonushoofdstuk)

Laten we eens kijken naar drie methoden om een passive income te maken dat u tot financiële vrijheid zal doen stijgen.

Als u stervende bent om uw baan op te zeggen, het leven te leiden dat u verdient of gewoon meer vrijheid wilt hebben om te doen wat u wilt, dan zult u dit hoofdstuk leuk vinden. Passive income is inkomen dat u passief genereert. Dus, het geld blijft op uw manier komen, ongeacht of u niet werkt of zelfs slaapt.

Ik ga niet tegen u liegen en zeggen dat het gemakkelijk is om een residuele inkomstenstroom op te zetten, maar het is het waard. Want als u eenmaal over deze reststroom van inkomsten beschikt, hoeft u deze alleen nog maar passief te onderhouden.

Online Bedrijven

De eerste methode om een passive income te maken is door het runnen van een online bedrijf. Dit kan zijn om geld te verdienen aan advertenties terwijl u blogt of om geld te verdienen aan uw YouTube-kanaal. U kunt ook uw e-commerce site opzetten of producten van andere bedrijven verkopen en een commissie krijgen, ook wel affiliate marketing genoemd.

Een andere populaire manier om een passive income te verdienen is door het ontvangen van royalty's door de verkoop van fysieke boeken, eBooks, muziek of foto's. Ook al kunt u met deze ideeën geld verdienen, er is veel concurrentie, want online bedrijven zijn erg populair en mensen onderschatten hoe moeilijk het is om een behoorlijke hoeveelheid geld te verdienen aan deze ideeën.

Met alle concurrentie betekent dit ook dat de online markten worden overspoeld met middelmatige producten en diensten. Dus zelfs als u met het beste product op de markt komt, zult u niet opvallen. Dan moet u nadenken over de manier waarop u uw producten of diensten wilt adverteren om boven alle andere middelmatige producten uit te stijgen en de leider in uw vakgebied te worden.

Ik wil benadrukken dat het hebben van een product of dienst alleen al de helft van het werk is. U moet ook zichtbaarheid krijgen door middel van reclame, of dit nu social media marketing, PPC-marketing of mond-tot-mond reclame is aan u.

Het is altijd goed om wat concurrentie-analyse te doen en te zien hoe uw concurrentie hun producten promoot.

Een ander probleem met online bedrijven is de lange levensduur. Veel van deze bedrijven kunnen hier vandaag zijn en morgen weer weg, omdat de concurrentie u net uit de markt heeft geduwd, uw producten of diensten werden verouderd of u kon de technologische of reclamewijzigingen niet bijhouden, waardoor u niet alle nodige exposure kreeg om relevant te blijven. Dus, het is niet ingesteld en vergeet het, het is gezegd en onderhouden.

Alles wat niet als passief wordt beschouwd, heb ik uit de lijst gelaten. Dus, freelancen en consultancy werkt alleen als u fysiek aanwezig bent, zo niet dan krijgt u niet betaald. Dit verslaat het doel van het maken van een passive income.

Onroerend goed

De tweede manier om een passive income te maken is door middel van onroerend goed. Ik heb het niet over het omdraaien van huizen, want dat kost te veel werk om te kopen en te verkopen. Het is ook niet passief.

De focus zou moeten liggen op inkomenseigendommen, die de cashflow. Dat wil zeggen dat u na alle kosten verantwoord wordt om met een nettowinst uit te komen.

Uw huurders betalen u maandelijks de huur. Met deze huurbetalingen betaalt u de (eventuele) hypotheek, woningverzekering, belastingen, investeringen, etc. Als u op de juiste locatie koopt, huurt u de juiste woningbeheerder en beheert u uw aantallen, dan kunt u een mooi stabiel inkomen hebben.

U zult de bank niet kapotmaken door slechts één woning te kopen en hoe meer woningen u koopt en een hypotheek neemt, hoe meer uw schuld zal toenemen. Deze opeenstapeling van schulden zal ook uw proces om goedkeuring te krijgen voor aanvullende leningen belemmeren.

Dit is wanneer u creatief moet zijn met de financiering van uw aankopen. Privé-kredietverstrekkers of portfoliokredietverstrekkers kunnen twee opties zijn om uit te proberen.

De huurbetalingen stellen u in staat om een passive income te genereren en hoe meer woningen u bezit, hoe hoger uw passive income kan zijn.

Er zijn ook veel fiscale voordelen verbonden aan het doen van onroerend goed. Dit is geen methode om snel een ton aan restinkomsten te maken, maar het is stabiel en groeit mooi mee met elke extra eigenschap. Veel miljonairs hebben hun rijkdom te danken aan onroerend goed, waardoor ze ook de flexibiliteit en de vrijheid hebben om te reizen en hun eigen baas te zijn.

Een goede manier om te beginnen is het kopen van eengezinswoningen, duplexen, triplexen of quads. Deze zijn aanzienlijk goedkoper dan commercieel vastgoed of appartementencomplexen.

U kunt beginnen met residentieel onroerend goed of probeer uw handen uit de mouwen te steken bij franchising en commercieel onroerend goed als u eenmaal de vaardigheden en het geld hebt gespaard.

Dividend Betaalde Aandelen

De derde methode en als u aandacht heeft besteed aan mijn boek, weet u wat het is: het maken van restinkomsten door middel van dividendbetalingen.

Er is een groep van bedrijven die een deel van hun netto-inkomsten uitkeren als dividend aan de aandeelhouders. Maar niet al deze bedrijven zijn het waard om in te investeren. Het analyseren van de prestaties van een bedrijf is dus zeer aan te bevelen.

Het mooie van beleggen voor dividend is dat u een mooie stroom van restinkomsten creëert die sneller zou moeten groeien dan de inflatie. Bedrijven verhogen hun dividendbetalingen en door voortdurend de juiste dividendaandelen te kopen en die dividenden te herbeleggen om hele of gedeeltelijke aandelen te kopen, brengt u uw dividendinkomsten in rekening.

Houd er wel rekening mee dat u belasting moet betalen over uw dividendinkomsten, afhankelijk van het type beleggingsrekening dat u gebruikt.

Het is ook heel gemakkelijk om te beginnen, want je hoeft niet veel geld te hebben. U kunt beginnen met het kopen van één aandeel van een bedrijf dat dividend uitkeert.

Veel van de rijkste particulieren ter wereld hebben een bedrijf in portefeuille dat dividend uitkeert. Jongens als Warren Buffett, Charlie Munger en zelfs Bill Gates.

Nu, de laatste twee methoden van het maken van passive income, onroerend goed en beleggen, noem ik dat oude geld, omdat ze de pijlers zijn geweest van het genereren en behouden van rijkdom.

Online bedrijven kunnen echter lastig zijn. De ene maand kun u veel geld verdienen, maar de volgende maand kan het tegenovergestelde het geval zijn. Als u het slim en veilig wilt spelen, moet u uw inkomstenstromen diversifiëren, zodat u geld uit verschillende bronnen binnenkrijgt.

Hoofdstuk Elf: Conclusie

Als beginner kan het investeren in de aandelenmarkt behoorlijk ontmoedigend zijn, dus hang niet op als u het gevoel hebt dat u verdwaald bent. Ik ben er geweest en veel succesvolle beleggers voelden zich ook zo toen ze hun eerste aandelen kochten. Als u eenmaal die sprong in het diepe maakt, wordt het makkelijker.

Het is ook het beste om met een kleine hoeveelheid geld te gaan investeren en uw resultaten te monitoren. Dit zal u het vertrouwen en de motivatie geven om verder te gaan. Als u eenmaal enige ervaring heeft, kunt u beginnen met het nemen van berekende risico's.

Zoals altijd moet u zich wel voortdurend bijscholen, anders maakt u fouten. Maar alleen al het feit dat u zo ver bent gekomen, zegt me dat u bereid bent te doen wat nodig is om uw financiële toekomst te verbeteren.

U hebt wat nodig is om succesvol te worden en met vertrouwen de leiding te nemen over uw toekomst.

Dank u wel

Ik wil u uit de grond van mijn hart bedanken dat u met mij meegaat op deze investeringsreis. Er zijn veel investeringsboeken, maar u heeft besloten om deze een kans te geven.

Als u dit boek goed vond, dan heb ik uw hulp nodig!

Neem even de tijd om een eerlijke recensie van dit boek achter te laten. Deze feedback geeft me een goed inzicht in het soort boeken en onderwerpen waarover lezers willen lezen en het zal mijn boek ook meer zichtbaarheid geven.

Deze feedback geeft me een goed inzicht in het soort boeken en onderwerpen waarover lezers willen lezen en het zal mijn boek ook meer zichtbaarheid geven.

www.ingramcontent.com/pod-product-compliance
Lightning Source LLC
Chambersburg PA
CBHW071442210326
41597CB00020B/3912